남호영 글

어린이 여러분, 나는 서울대학교 수학교육과를 졸업하고
이학 박사 학위를 받은 수학자이자 교사예요.
고등학교와 대학교에서 여러분 같은 학생들에게 수학을 가르쳤고,
인간의 역사와 얽히고설키며 발전해 온 수학을 그 역사 속에서
생생하게 볼 수 있도록 하는 작업을 계속해 나가고 있지요.
《황당하지만 수학입니다 1 바닥에 떨어진 사탕 먹어도 될까?》,
《황당하지만 수학입니다 2 하루에 거짓말 몇 번이나 하니?》,
《황당하지만 수학입니다 3 어디가 제일 간지럽게?》를 비롯해서
수학 동화 《원의 비밀을 찾아라》, 《달려라 사각 바퀴야》,
수학의 관점에서 여행과 문화를 녹여 낸 《수학 끼고 가는 서울 1》, 《수학 끼고 가는 이탈리아》,
과학의 역사에서 동양과 신비주의의 역할을 복원한 《코페르니쿠스의 거인, 뉴턴의 거인》,
그리고 수학 교과서(디딤돌, 7차 교육과정)도 썼답니다.

신동민 그림

만화와 시각디자인을 공부했어요. 캐릭터 디자이너를 시작으로 지금은 그림작가의 삶을 살고
있어요. 《황당하지만 수학입니다》 시리즈로 여러분이 수학에 흥미를 붙이기를 바라는 마음으로
신나게 그림을 그렸답니다. 《똥카페》라는 책을 썼고, 《인문학 바다에 빠져라》,
《최태성의 한국사 수호대》, 《EBS 초등 어맛! 사자성어 맛집》, 《신라의 막판 뒤집기》 등
여러 권의 책에 그림을 그렸어요.

와이즈만 영재교육연구소 감수

창의 영재수학과 창의 영재과학 교재 및 프로그램을 개발했습니다.
구성주의 이론에 입각한 교수학습 이론과 창의성 이론 및 선진교육 이론 연구 등에도
전념하고 있습니다. 국내 최고의 사설 영재교육 기관인 와이즈만 영재교육에
교육 콘텐츠를 제공하고 교사 교육을 담당하고 있습니다.

황당하지만 수학입니다

④ 펭귄은 똥을 발사한다고?

와이즈만 BOOKs

1판 1쇄 발행 2023년 3월 27일 | 1판 2쇄 발행 2023년 9월 10일

글 남호영 | 그림 신동민 | 감수 와이즈만 영재교육연구소
발행처 와이즈만 BOOKs | 발행인 염만숙 | 출판사업본부장 김현정 | 편집 원선희 양다운
기획·진행 CASA LIBRO | 디자인 SALT&PEPPER Communications | 마케팅 강윤현 백미영 장하라

출판등록 1998년 7월 23일 제1998-000170 | 제조국 대한민국
주소 서울특별시 서초구 남부순환로 2219 나노빌딩 5층
전화 마케팅 02-2033-8987 | 편집 02-2033-8928 | 팩스 02-3474-1411
전자우편 books@askwhy.co.kr | 홈페이지 mindalive.co.kr | 사용 연령 8세 이상
ISBN 979-11-90744-83-6 74410 979-11-90744-79-9(세트)

©2023, 남호영 신동민 CASA LIBRO
이 책의 저작권은 남호영, 신동민, CASA LIBRO에게 있습니다.
저자와 출판사의 허락 없이 내용의 일부를 인용하거나 발췌하는 것을 금합니다.

잘못된 책은 구입처에서 바꿔 드립니다.

와이즈만 BOOKs는 (주)창의와탐구의 출판 브랜드입니다.
KC마크는 이 제품이 공통안전기준에 적합하였음을 의미합니다.

황당하지만 수학입니다

4 펭귄은 똥을 발사한다고?

남호영 글 | 신동민 그림
와이즈만 영재교육연구소 감수

수학 좋아하니?

좋아한다고? 반갑구나. 하지만 '수학'이라는 말만 들어도 마음이
무거워지는 친구도 많지. 수학을 잘하고 싶은데
계산은 늘 실수투성이고 숫자는 복잡하니까.
그래서 수학을 '이그노벨상'과 함께 알아보려 해.

이그노벨상을 받은 연구 중에서 수학상을 받은 건 몇 개밖에 없어.
다섯 손가락에 꼽을 정도야. 그래서 수학상을 받지 않았더라도
통계와 관련 있는 연구를 10개 뽑아 엮었어.
책을 읽으며 웃다 보면 수학이 친숙하게 느껴지고 좋아질 거야.

어쩌면 너를 꼭 닮은 친구 '나', 그리고 앉으나 서나 수학하는
파이쌤의 안내에 따라 조금씩 천천히 황당한 수학의 세계로
들어와 봐!

이그노벨상부터 알아볼까?

1991년 하버드대학교의 유머 과학 잡지사가 만든 상이야. 학문에 대한 사람들의 관심을 높이기 위해 기발한 연구와 업적에 주는 상이지. 수학을 비롯해서 물리, 화학, 의학, 생물, 평화 등 여러 분야에 걸쳐 수상자를 선정해.

이그노벨상을 수상한 연구는 정말 황당해. 어떤 때는 어이가 없을 정도야. 하지만 '이런 것도 연구하는구나!' '수학은 우리 생활 속에 있구나!'라는 걸 깨닫게 해 주지. 시상식 포스터에는 로댕의 〈생각하는 사람〉이 바닥에 등을 대고 누워 있는 그림이 있어. '발상의 전환'을 나타내는 거래.

자, 그럼 우리도 고정 관념이나 일반적인 생각에서 벗어나 이 책에 가득한 황당하고 기발한 생각으로 발상을 전환해 볼까?

차례

1 운전할 때는
  모두 측쟁이? ·· 9
  - 눈에 확 들어오는 막대그래프 ······································ 13

2 배꼽의 때 ·· 17
  - 비율은 원그래프로! ·· 21

3 신발 위에
  양말을 신으면? ·· 25
  - 데이터의 대표는 평균이야! ·· 29

4 펭귄은 똥을
  발사 한다고? ·· 33
  - 똥 쏘는 거리도 평균 ·· 37

5 침 흘리기 대장 ·· 41
  - 더하고 나누면 평균이 짜잔! ······································ 45

6 바나나 껍질 위에서
   고칠라도 "미끄러질까?" ····················· 49
   – 바나나는 미끄러워! ····················· 53

7 군인이라면
   💩을 참아라! ····················· 57
   – 장소와 변비의 관계 ····················· 61

8 통증과 치사량,
   그 사이 어디쯤 ····················· 65
   – 통증과 독성의 상관관계 ····················· 69

9 음식은
   눈으로 먹는다? ····················· 73
   – 추정은 눈으로 하는 게 아니야! ····················· 77

10 인류의 종말은 언제? ····················· 81
   – 추정하려면 가정을 밝혀라! ····················· 85

주인공이 궁금해요

파이 쌤

먹는 파이도 아니고 와이파이도 아닌 무한소수 원주율 파이(π)처럼 **무한한 호기심을 가진 수학 덕후.** 수학이 있는 곳이라면 어디든 언제라도 떠날 수 있도록 늘 작은 캐리어를 끌고 다닌다.

나

누가 봐도 우리 동네 최고의 참견쟁이. 호기심 가득, 실행력은 으뜸! **솔직히 수학은 잘 못한다.**

1
운전할 때는 모두 폭쟁이?

파이쌤 차를 타고 서점에 가는 중이었어.
앞에 무슨 일이 났는지 갑자기 차들이 속도를 줄였어.
'사고라도 났나?' 하고 걱정하는데, 옆 차에서 놀라운
소리가 들리지 뭐야?

옆 차 운전자와는 달리 쌤은 웃고 계셨어.
"왜 저렇게 소리를 지르고 욕을 할까요?
쌤은 화 안 나세요?"
"웃는 게 욕을 퍼붓는 것보다
사고 예방에 훨씬 도움이 되겠지?"
"당연하지요. 화가 나면 실수할 수 있으니까요."
"그런데도 왜 화를 낼까? 얼마나 자주 낼까?"

"그걸 어떻게 알아요?"
"스페인 발렌시아대학교의 프란시스코 알론소 연구팀이 조사했어. 이 연구로 2018년에 이그노벨 평화상도 받았단다. 먼저 성인 1,100명에게 **운전할 때 욕설과 소리 지르기를 얼마나 자주 하냐고** 묻고 5가지로 대답하게 했어."

눈에 확 들어오는 막대그래프

'운전 중에 얼마나 자주 욕을 하거나 소리를 지르냐'라는 연구팀의 질문에 1,100명이 5가지 중의 하나로 대답을 했어. 각각의 백분율은 아래와 같아.

구분	항상 한다	자주 한다	가끔 한다	거의 안 한다	전혀 안 한다
백분율	2.2%	5%	26.4%	24.8%	41.6%

아직은 표일 뿐이지. 이걸 그림으로 나타내면 달라질 거야.

음, 2.2퍼센트는 5퍼센트보다 작고……. 눈에 확 들어오지 않는데요?

막대그래프를 그릴 때에도 그래프를 그릴 때처럼 가로축, 세로축을 먼저 정해. 여기에서는 가로축에는 5가지 대답을 늘어놔. 세로축에는 백분율을 적어. 41.6퍼센트가 가장 크니까 45퍼센트까지만 나타내면 충분해.

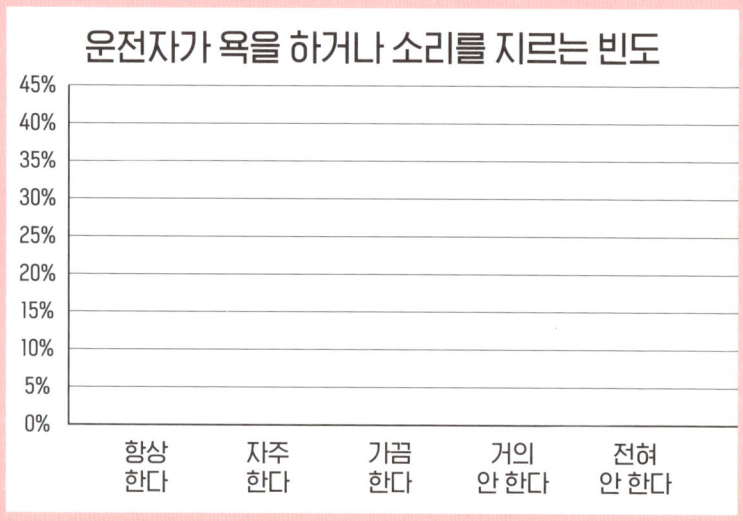

이제 5가지 대답의 비율을 막대로 나타내면 돼.
막대의 높이가 백분율이야.
막대그래프로 나타내면 표로 보는 것보다 훨씬 빨리 **이해될 거야.**

표에서 수를 읽을 때는 수를 하나하나 비교해야 하지만 그림은 보자마자 비교가 되니까. 우리 뇌는 그림을 더 빨리 받아들이거든.

많은 사람이 운전 중에 욕을 하거나 소리를 지르는 것 같지만 **약 66퍼센트의 사람들은 거의 그러지 않아.** 욕을 할 때도 교통 규칙을 위반한 차나 위험하게 운전하는 차 때문일 때가 대부분이고. 욕을 하거나 소리를 지르는 이유가 스트레스와 피로 때문일 때가 많대. 그러니까 웃으면서 가면 저절로 안전 운전이 되는 거지.

2
배꼽의 때

'이게 뭐지?' 나는 옷을 들춰 보다가
흠칫 놀랐어. 이건 비밀인데,
내 배꼽에 때인지 보풀인지 뭔가 잔뜩 끼어 있어.

"자랑이 아니라 배꼽에 뭐가 끼어 있어서 보는 거예요."
"때겠지. 너 잘 안 씻지?"
"전 씻어요. 안 씻는 애들도 많지만요."
"그래? 배꼽 때는 걱정할 거 없단다. 목욕할 때 씻겨나가거든."
"그런데 **배꼽에는 왜 때가 껴요?**"

"너뿐 아니라 다른 사람들도 배꼽에 왜 때가 끼는지
궁금했나 봐.
칼 크루스젤니키라는 과학자가 진행하는 라디오 쇼에서
한 청취자가 배꼽 때가 어떻게 생기는지 물었어.
크루스젤니키는 온라인으로 설문 조사를 했지.
배꼽에 때나 먼지가 끼는지, 얼마나 끼는지,
어떤 색깔인지……."

"설문 조사에는 4,799명이 응답했어.
크루스젤니키는 여자냐 남자냐, 나이가 적냐 많냐,
털이 많냐 적냐, 배꼽이 들어가 있냐 나와 있냐를 물었지."

여러 가지 질문을 하면서
배꼽 때에 관해 자세히 질문했어.

"배꼽 때를 연구하다니.
이그노벨상이라도 줘야겠는데요?"
"당연히 받았지.
2002년 학문간연구상 수상자란다."

궁금하냐?
이럴 땐 원그래프가
딱이지!

그래서 배꼽
때가 있는 사람이
많았나요?

뭐 하냥?

배꼽

설문에 응답한 4,799명 중에 남자는 2,790명, 여자는 2,009명인데, 배꼽에 때나 먼지가 있다고 대답한 사람은 3,169명이야. 66퍼센트는 배꼽에 때나 먼지가 있고, 나머지 34퍼센트는 없다고 대답한 거야.
배꼽에 때나 먼지가 있다고 대답한 사람 중에 남자는 2,313명, 여자는 856명이었어.

배꼽 때가 있다 없다, 이런 식으로 **비교할 때는** 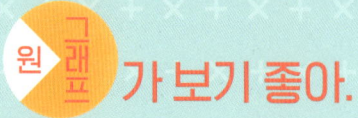 **가 보기 좋아.**

전체에서 차지하는 비율이 어떻게 되는지 한눈에 알 수 있거든!

남자 중에 배꼽 때가
있다 83% 없다 17%

남녀 전체 중에 배꼽 때가
있다 66% 없다 34%

여자 중에 배꼽 때가
있다 43% 없다 57%

남자는 대부분 배꼽 때가 있네요. 여자는 반도 안 되는데.

남자들이 배꼽 때가 많은 건 왜 그럴까? 오스트리아 빈공과대학교 게오르그 스테인하우저의 연구 결과까지 보면 짐작할 수 있어. 스테인하우저는 3년 동안 자신의 배꼽 때를 매일 수집해서 503개나 모았어. 그걸 분석해서 **배꼽 때의 원인**을 어느 정도 밝혔어.

배꼽은 탯줄이 떨어져 나간 자리야.
포유류라면 누구에게나 있어.

사람에게도 고양이에게도 고래에게도 있어.
다른 동물들도 배꼽에 때가 있는지 궁금하구나.
수컷에게 더 많은지도.

3
신발 위에 양말을 신으면?

어젯밤에 눈이 펑펑 내렸어.
오늘 같은 날, 뒷산에서 즐기는 미끄럼을 놓칠 수 없지.
나는 옷을 단단히 껴입고 파이쌤 댁부터 갔어.

"미끄럼 타러 가는데, 올라갈 때는 미끄럽잖아요."
"그래서 신발 위에 내 양말을 신으려고?"
"어, 쌤도 아세요? 전 파토쌤께 배웠는데,
신발 위에 양말을 겹쳐 신으면 덜 미끄럽대요."
"그래. 뉴질랜드에서 그런 연구를 했지.
내 양말이 좀 멋있긴 하지만, 네 것은 어쩌고?"
"제 양말은 신발 위에 신기는 좀 작아서요."

"뉴질랜드 더니든시에서 어떤 실험을 했는지
기억해 내면 빌려주마."
쌤의 말씀에 나는 기억을 더듬었어.
"사람들을 두 팀으로 나눠서 한쪽은 신발 위에 양말을
신고, 다른 한쪽은 신발만 신은 채 비탈길을 내려오게
한 실험이잖아요."
"옳거니, 그래서 결과는?"
"신발 위에 양말을 신은 사람들이 덜 미끄럽다고 했죠."

"신발 위에 양말을 신으면 덜 미끄러운 이유도 알겠구나?"

"그것도 모르고 쌤 양말을 빌리러 왔겠어요?
그야 신발에 양말을 신으면 *마찰력이 커져서죠."

"마찰력도 기억하고 기특하네. 좀 더 정확히 알려 주자면, 신발 위에 양말을 덧신은 사람들은 미끄러운 정도를 1.6이라고 답했고, 신발만 신은 사람들은 2.9라고 대답했대."

하하! 암호가 아니라, 평균이야. 이번엔 평균에 대해서 알려 줘야겠구나!

1.6, 2.9가 뭐예요? 마찰력 암호예요?

*책 마지막 장에서 더 자세한 정보를 확인해 보세요.

파이쌤이 알려 주마

데이터의 대표는 평균이야!

더니든시 오타고대학교의 연구팀은 30명의 사람들을 둘로 나눠서 한 그룹은 신발 위에 양말을 덧신게 했고, 다른 한 그룹은 신발만 신도록 했지. 그러고는 비탈길을 내려와서 얼마나 미끄럽다고 느꼈는지 그 정도를 숫자로 말하게 했어.

미끄럽지 않다	1
약간 미끄럽다	2
미끄럽다	3
몹시 미끄럽다	4
엄청나게 미끄럽다	5

별로 안 미끄럽네요. 1입니다.

조금 미끄럽네요. 2요.

어휴~ 미끄럽네요. 4!

미끄러운데……, 2요.

신발 위에 양말을 겹쳐 신은 15명이 말한 척도는 1, 2, 3과
같은 *자연수지 1.6은 아니야.
1.6은 15명이 말한 수의 평균 이야.
15명이 말한 수를 모두 더해서 15로 나눈 수란 말이지.
평균은 여러 개의 수를 대표하는 하나의 수가 필요할 때
사용해.

신발 위에 양말을 덧신은 15명의 미끄러운 척도 평균 이 1.6이라는 건, 15명이 한목소리로 미끄러운 척도 를 말한다면 1.6이라는 뜻이야.

비탈길을 내려오는 데 걸린 시간도 쟀어. 신발 위에 양말을 덧신은 15명이 내려오는 데 걸린 시간이 37.7초라는 건

평균을 말해. 15명의 시간을 다 더한 다음에 15로 나눈 값이 37.7이라는 뜻이야.

신발 신고 내려온 14명의 시간이 39.6초라는 것도 평균이야. 14명의 시간을 **다 더한 다음**에 14로 **나눈 값**이 39.6이라는 뜻이지.

4
펭귄은 똥을 발사한다고?

"쌤, 진짜 펭귄이에요!"
펭귄들을 진짜로 보다니, 꿈이야 생시야!
나도 모르게 볼을 꼬집었어.

"펭귄과 사람이 닮은 점이 뭔지 아니?"
이번에는 턱끈펭귄을 보고 있는데 쌤이 이상한 말씀을 하시네. 펭귄은 새인데, 사람과 닮다니?
"저기 봐라. 펭귄도 사람처럼 두 발로 걷잖니."
그러고 보니 펭귄도 뒤뚱거리긴 하지만 두 발로 걷네.
"펭귄은 배꼽이 없어서 배가 심심해 보여요."
"알에서 태어나니까 배꼽이 없을 수밖에.
펭귄은 알이든 새끼든 암수가 같이 돌본단다."

반가운 마음이 좀 진정되자 문득 어떤 냄새가
코끝을 스쳐 지나가는 거야.
저절로 얼굴이 찌푸려졌어.
"하하. 이제야 지린내를 맡았나 보구나!"
"이게 무슨 냄새예요?"

"저 펭귄들은 둥지에서 알을 돌볼 때 똥이 마려워도 둥지를 떠나지 않아. **엉덩이를 둥지 바깥쪽으로 내밀고 똥을 발사하지.**"
"그래서 냄새가 지독했군요."
"이걸 연구한 독일 브레멘대학교의 빅토르 마이어로호우와 요제프 갈은 2005년에 이그노벨 유체역학상을 받았어."

파이쌤이 알려 주마

똥 쏘는 거리도 평균

마이어로호우와 갈 두 사람은 남극에서 턱끈펭귄과 아델리펭귄을 관찰했어. 사진도 찍었어. 키는 몇 센티미터인지, 항문 구조는 어떻게 생겼는지, 똥은 어떤 순서를 거쳐서 쏘는지, 얼마나 멀리 쏘는지 등 모든 걸 기록했어.

펭귄은 똥 눌 때 둥지 바깥쪽 조약돌 위에 올라가는군요.

앗싸, 드디어 똥을 발사하는 장면을 찍었어요.

찍

펭귄은 조약돌로 둥지를 만들어. 똥을 쏠 때는 조약돌 위에 올라가서 허리를 굽히고 바깥쪽으로 꼬리를 들어. 그러고는 최대한 멀리 똥을 쏴.

여러 차례 기록한 결과,

지면에서 20센티미터 정도 높이에서 발사된 펭귄 똥은 40센티미터 정도 날아가.

펭귄이 똥을 멀리 쏠 수 있는 건 펭귄 똥이 거의 액체라서야.
올리브유보다도 묽을 정도로!
직장에서 높은 압력으로 이렇게 묽은 똥을 내보내면
마치 사람 오줌처럼 찍~하고 날아가는 거지.
사람이 오줌 눌 때마다 오줌 줄기가 뻗어 나가는 거리가
같지 않은 것처럼 펭귄 똥도 그래.
마이어로호우와 갈 두 사람이 구한 40센티미터라는 거리는
평균 이야.

아무리 멀리 쏘더라도 깃털에 똥이 묻지 않냐고?
그것보다는 펭귄들이 서로서로 자기 둥지 바깥쪽으로 똥을
발사하는 게 더 문제야. 남의 똥이 묻을 수도 있으니까.
안 묻어도 냄새는 피할 수 없지. 하지만 괜찮아.
💩은 땅에 질소를 공급해서 식물이 자랄 수 있게 해 주고,
몸에 묻은 똥은 나중에 바다에 들어가서 씻으면 되니까.

5
침 흘리기 대장

파이쌤 댁 식탁에 앉아 책을 보다가 깜빡 졸았나 봐.
얼마나 곤하게 잤는지 침까지 흘렸네.
나는 누가 볼까 봐 잽싸게 입가를 닦았어.
그런데 생각보다 침을 많이 흘렸나 봐.

"제가 침을 일부러 흘린 게 아니라……."
횡설수설하는 나에게 쌤이 웃으며 말씀하셨어.
"아무도 침을 일부러 흘리진 않아. 침은 저절로 나오는 거란다."
"그렇죠? 그런데 제가 침이 많은 걸까요?"
"음, 침에 대한 연구는 성인을 대상으로 한 것만 있었는데, 일본 의사 와타나베 시게루는 어린아이들이 침을 얼마나 흘리는지 연구 해서 이그노벨상을 받았어."

침으로 이그노벨상이라! 그것도 아이들의 침을 연구했다니 더욱 궁금해지네.

"와타나베는 시상식에서 실험 과정을 직접 보여 줬어. 아들 세 명이 나와서 바나나를 씹다가 종이컵에 뱉은 거지. 그걸 본 사람들은 배꼽 잡고 웃었어."

"맛있는 바나나를 왜 뱉어요?"
"바나나를 먹을 때 침이 얼마나 나오는지 알기 위해서야.

무언가를 먹을 때와 안 먹을 때 나오는 침의 양이 다르겠지? 또, 무엇을 먹느냐에 따라서도 달라. 와타나베는 실험할 때 그걸 구분한 거야."

와타나베는 5살 아이 30명을 대상으로 실험했어. 우선 먹지 않을 때 침이 얼마나 나오는지 재는 건 쉬워. 1분에 0.26밀리리터의 침이 만들어졌지. 30명 아이들의 평균이야. 먹을 때 침이 얼마나 나오는지는 좀 복잡해.

무얼 먹을 때 침이 얼마나 나오는지 구하는 방법

① 음식물 무게를 재고 그걸 씹게 해.

② 씹은 음식물을 침과 함께 뱉게 해서 무게를 재.

③ ②에서 음식물 무게를 빼서 침의 무게만 구해.

```
  28.0
- 22.4
─────
   5.6
```

④ 씹은 시간도 기록해.

와타나베는 6가지 음식물을 준비했어.
그러고는 몇 초 동안 몇 밀리리터의 침이 나오는지
양을 쟀어. 마지막으로 계산했어!

쿠키 : 1분에 4.7밀리리터

피클 : 1분에 4.0밀리리터

소시지 : 1분에 3.9밀리리터

감자 : 1분에 3.5밀리리터

사과 : 1분에 3.4밀리리터

밥 : 1분에 2.4밀리리터

하루종일 이것들만 먹는다고 할 수는 없지만, 대표 음식을 고른 거야. 모든 음식을 다 먹으면서 실험을 할 수는 없으니까.

이 6가지 데이터의 평균 은 3.7밀리리터야. 모두 더해서 6으로 나눈 값 이지.

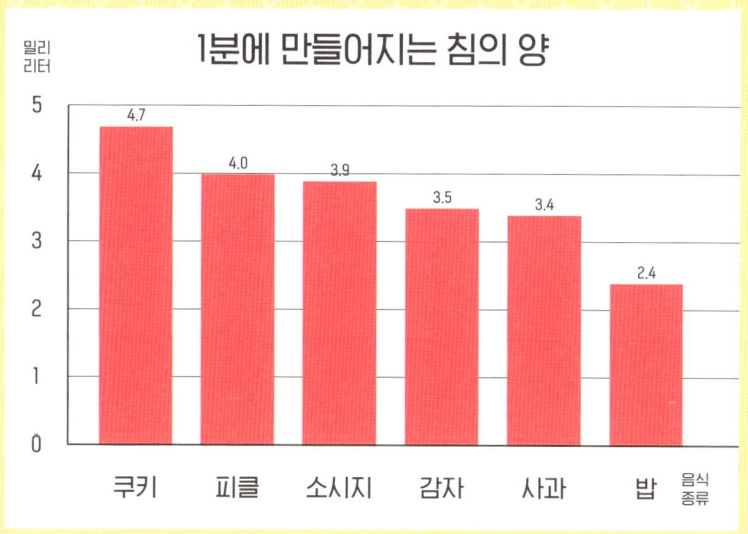

이제 다 됐어.

무언가를 먹을 때는 침이 1분에 3.7밀리리터 만큼 생겨.

먹지 않을 때는 1분에 0.26밀리리터 만큼 생겨.

5살 아이 30명이 하루에 먹는 시간의 평균은 80.8분, 깨어 있으면서 먹지 않는 시간의 평균은 820분이야. 이제 하루에 얼마나 많이 침이 생기느냐만 계산 하면 돼.

> **먹을 때 생기는 침은**
> 3.7밀리리터 × 80.8분 = 299.0밀리리터
>
> **깨어 있으면서 먹지 않을 때 생기는 침은**
> 0.26밀리리터 × 820분 = 213.2밀리리터
>
> **이제 둘을 더해!**
> 하루종일 흘리는 침의 양은 512.2밀리리터

결국 **어른이나 아이나 비슷한 양의 침을 흘린다는 결론**을 얻었지.

아니, 나는…….

쌤이 흘린 침은 베개에 묻었겠죠?

6
바나나 껍질 위에서 고칠라도 "미끄러질까?"

파이쌤 댁은 참 좋아. 마당이 있어서 수박 먹을 때 씨를 창밖으로 훅 하고 뱉어 버려도 되거든. 오늘은 바나나를 먹고는 창밖으로 껍질을 휙 하고 던졌어.

"바나나 껍질이 미끄러운 건 사실이지만 무조건 미끄러운 건 아니란다. 일본 기타사토대학교 기요시 마부치 연구팀이 바나나 껍질이 언제, 얼마나 미끄러운지를 연구해서 이그노벨상을 받았어."
쌤 말씀이 끝나기도 전에 아영이가 바나나 껍질을 들고 들어왔어.

너 때문에 미끄러졌잖아.

저번에 밟았을 땐 별로 안 미끄럽던데…….

아영이가 졸지에 연구에 참가한 사람이 됐구나.

파이쌤이 다시 말씀을 이으셨어.

"마부치 연구팀도 이그노벨상 시상식에 바나나 껍질에 미끄러진 고질라 사진을 들고 나왔지."

마부치 연구팀은 바나나 12개를 준비했어. 바나나마다 여기저기를 5번씩 밟으며 실험했지. 그렇게 얻은 데이터는 총 60개야.

연구팀은 먼저 평소처럼 신발만 신고 걸으면서 미끄러운 정도를 측정했어. 그러고는 바나나 껍질의 겉면이 위로 오게 놓고 밟기도 하고, 아래로 가게 놓고 밟기도 했어. 셋 중 어느 경우가 얼마나 더 미끄러운지 측정했지.

바나나 껍질 겉면이 위로 가게 놓고 밟아서 얻은 마찰 계수 30개의 평균을 계산해.
바나나 껍질 겉면이 아래로 가게 놓고 밟아서 얻은 마찰 계수 30개의 평균도 계산해.

아래 막대그래프는 그 평균을 나타낸 거야.

미끄러운 정도를 나타낸 수를 '마찰 계수'라고 해. 수가 작을수록 미끄러워.

바나나 껍질이 놓인 방향에 따라 미끄러운 정도가 다르네요!

바나나 껍질 안쪽 두툼한 부분은 마이크로미터 정도 크기의 과립 젤이야. 젤리같은 고체인 거지. 껍질 안쪽이 바닥으로 놓인 채 밟으면 안쪽 과립이 눌려 터져 미끄덩거려. 바닥과의 마찰 계수가 작아지는 거야.

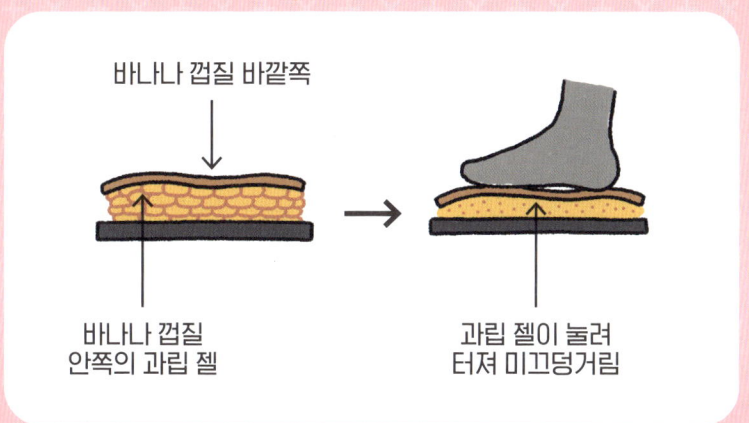

스키 탈 때의 마찰 계수가 0.04 정도야.
바나나 껍질을 **제대로** 밟으면 **눈 위**에서 **스키 타는 것**과 비슷하게 **미끄럽다**는 말이지.

7
군인이라면 ⟡을 참아라!

학교에서 수학여행을 다녀왔어.
친구들이랑 같이 자는 게 참 재밌었지만,
잠자리가 바뀌어서인지 2박 3일 동안 똥을 못 눠서
배가 불룩해졌어.

"저는 집에서는 똥을 하루 한 번씩 잘 누는데,
학교만 가도 잘 안 나오더라고요."
"자리가 바뀌면 똥을 못 누는 사람들이 꽤 있더라.
긴장해서 그런가 본데, 그걸 연구한 사람들도 있어."
"사람 똥 누는 것도 연구해요?"
"브라이언 스위니 연구팀 4명이 미국 군인들을
대상으로 연구해서 이그노벨상까지 받았는걸."

"너는 장소만 바뀌어도 똥이 잘 안 나오는데, 군인들은 더 심하지 않겠니? 스위니 연구팀은 군인들의 변비에 대해서 연구하기로 했어."
"군인들이 똥 누는 걸 다 봤대요?"
"지켜본 건 아니고 물어보는 거지. 해병대원 약 500명에게 **설문 조사하려고 질문지를 만들었어.** 장소는 집, 함선, 야전 세 군데로 나눴는데 변비의 기준은 무엇으로 했을까?"

"500명이 모두 대답했어요?"
"거의!"
"그래서 결과는요?"
"500장의 **설문지를 정리해야 결과를 알 수 있겠지?**
알고 싶은 건 장소와 변비가 상관있는지,
어느 장소에서 변비가 더 심해지는지야."

변비인지 아닌지 판정은 **며칠에 한 번씩 💩을 누느냐의 주기**와 **똥을 눌 때의 증상**으로 하기로 했어.

먼저 **주기**를 보자. 주기가 4일 이상인 경우부터 변비로 보면, 집에 있을 때는 3.9퍼센트, 함선에 근무할 때는 6퍼센트, 야전에 나가서 훈련할 때는 30.2퍼센트의 군인이 변비야. 세 장소마다 대답한 군인 수가 조금씩 다르니까 인원수보다는 백분율로 비교하는 게 정확해.

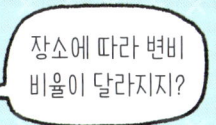

장소에 따라 변비 비율이 달라지지?

배변 주기에 따른 변비 판정 비율(퍼센트)

구분	집 🏠	함선 🚢	야전 ⛺
4~5일	3.1	5.2	23.6
6~10일	0.8	0.8	6.1
10일 이상	0.0	0.0	0.5
합계	3.9	6.0	30.2

이번에는 **증상**으로 물어본 결과를 보자.
똥이 단단한 증상, 똥 눌 때 통증이 있는 증상, 무리하게
힘을 줘야 하는 증상, 피가 나오는 증상을 모두 변비라고
보는 거야. 물론 하나 이상의 증상이 있어도 변비지.
집에 있을 때는 7.2퍼센트, 함선에 근무할 때는 10.4퍼센트,
야전에 나가서 훈련할 때는 34.1퍼센트의 군인이 변비야.

장소에 따라 변비 비율이 달라지는 건 똑같은데, 비율이 더 올라갔어요.

배변 증상에 따른 변비 비율(퍼센트)

구분		집	함선	야전
단단한 변	/난 돌덩이	1.8	3.6	22.9
배변 시 통증		0.6	0.8	5.4
배변 시 무리한 힘		1.0	4.0	15.1
배변 시 출혈	/피 봤다	5.8	6.0	6.8
하나 또는 그 이상의 증상		7.2	10.4	34.1

설문 결과에 의하면 주기든 증상이든 군인들은 집보다는 함선에 있을 때 변비가 심해지고, 야전에 훈련 나갔을 때는 훨씬 더 심해진다는 걸 알 수 있어.

변비와 장소가 관계가 깊다는 거지.

막대그래프로 비교해 볼까?

정확한 수보다 경향을 알고자 할 때는 그래프가 더 좋지.

야전에서 얼마나 변비가 심해지는지 확~ 느낌이 오네요.

퍼센트

장소	주기	증상
집	약 4	약 7
함선	약 6	약 11
야전	약 30	약 34

사실 똥은 음식물 찌꺼기야. 입으로 들어간 음식물이 위와 창자를 거치면서 영양분은 흡수되고, 세균과 함께 배출되는 거지. 모든 생명체는 영양분을 섭취하고 배설해야 해. 생명을 유지하기 위한 과정이지.

똥을 잘 누는 건 건강하게 살기 위해 아주 중요한 일이야.

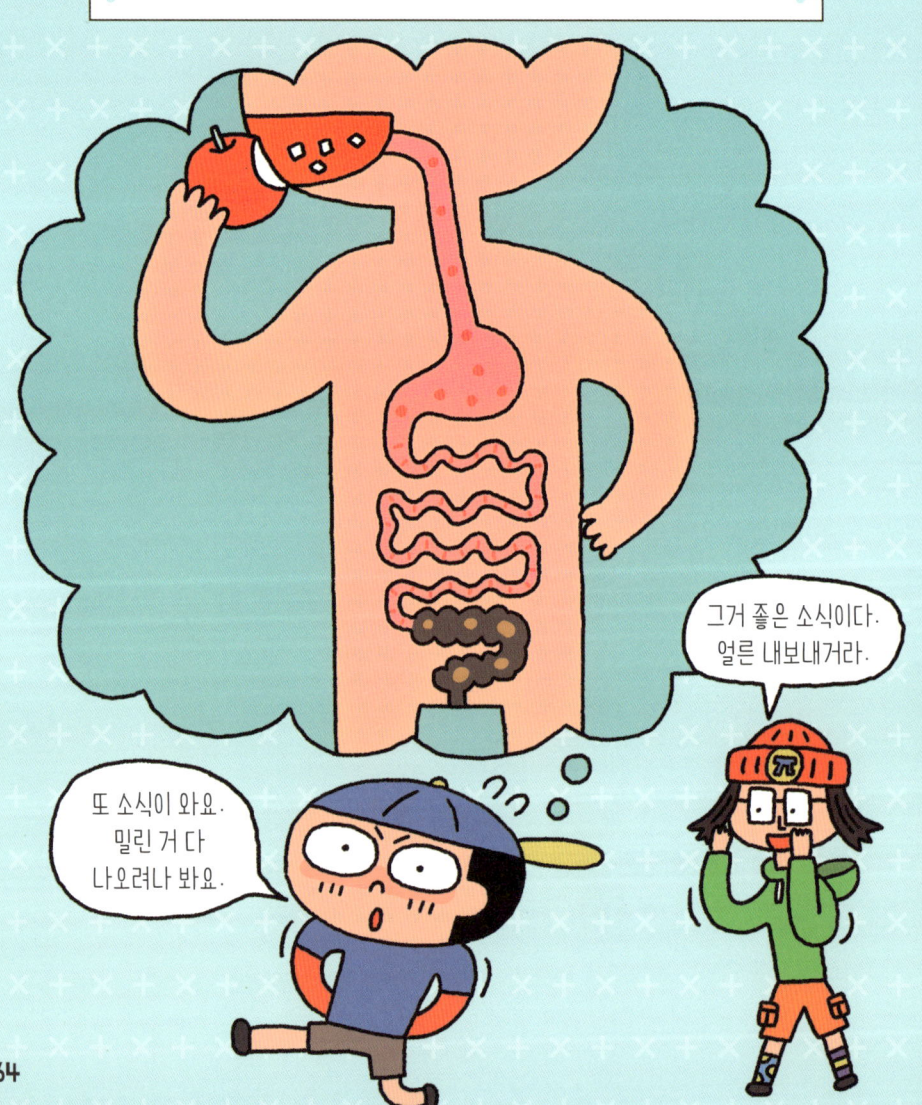

8
통증과 치사량, 그 사이 어디쯤

파이쌤과 뒷산에 올라가는데, 개미들이 보였어.
안 그래도 산에 오르기를 싫어하던 내가 멈칫하자
쌤이 말씀하셨어.
"개미에게는 물려도 안 아파."
"파이쌤~ 하지만 파토쌤이 총알개미는 엄청 아프다고
하셨거든요."

"개미와 벌에게 쏘이면 얼마나 아픈지 연구해서 이그노벨상을 받았던 곤충학자 저스틴 슈미트는 통증 *지수만 발표한 게 아니라 *치사량도 같이 발표했어."

"슈미트의 연구에 의하면 물렸을 때 몹시 아프면서 독성이 강한 것도 있고, 엄청 아프지만 독성은 강하지 않은 것도 있어."
쌤 설명을 듣고 아래 도표를 보니 별로 아프지 않으면서도 독성이 강한 것도 있고, 별로 아프지 않고 독성도 약한 것도 있네.

"그렇진 않지. 상관있는 것도 있어."

"어서 알려 주세요. 그걸 알아야 피해 다니지요."

"슈미트의 연구 결과를 다시 정리하면 그 상관관계를 알 수 있단다."

파이쌤이 알려 주마

통증과 독성의 상관관계

슈미트는 개미와 벌의 종류마다 통증 지수와 반수 치사량을 발표했어. 이를 통해 어떤 것이 얼마나 아픈지, 얼마나 독성이 강한지 알 수 있지.
그런데 이걸로 통증과 독성 사이의 관계를 알기는 어려워.

상관관계를 알려면
⬇
데이터를 다른 방법으로 정리해야 해.

Table 1

Sting pain rating on a scale of 1 to 4 and venom lethality of ant, social wasp, social bee, and solitary species of stinging Hymenoptera. The data are arranged by increasing pain level from the lowest rated species in each genus, followed by those genera unrated for pain and, within a pain level, arranged by highest to lowest lethality. Blanks in the table columns indicate no data are available for the assay.

Species (Common Name)	Sting Pain	LD₅₀ (mg/kg)
Ants		
Solenopsis invicta (red fire ant)	1	
S. xyloni (southern fire ant)	1	
S. geminata (tropical fire ant)	1	
Tetraponera sp. (Old World twig ant)	1	0.35
Daceton armigerum (trap-jawed ant)	1	1.1
Myrmica rubra (European fire ant)	1	6.1
Bothroponera strigulosa	1	9.2
Leptogenys kitteli	1	10
Pseudomyrmex gracilis (twig ant)	1	12
P. nigrocinctus (bullhorn acacia ant)	1.5	1.9
Ectatomma ruidum	1	15
E. tuberculatum	1.5	0.3
E. quadridens	1.5	17
Ectatomma sp.		17
Opthalmopone berthoudi (big-eye ant)	1	32
Harpegnathos venator	1	52
Brachyponera chinensis (needle ant)	1	
B. sennaarensis (Samsum ant)	1.5	5.6
Myrmecia gulosa (red bulldog ant)	1.5	0.18
M. browning (bulldog ant)		0.18
M. tarsata (bulldog ant)		0.18
M. simillima (bulldog ant)	1.5	0.21
M. rufinodis (bulldog ant)	1.5	0.35
M. pilosula (Jack jumper ant)	2	5.7

가로축 은 반수 치사량, **세로축** 은 통증 지수로 해서 개미와 벌을 정확한 위치에 **점으로 나타내 보자.**
왼쪽에 있는 총알개미나 유럽불개미는 반수 치사량이 적어. 오른쪽에 있는 타란툴라사냥말벌이나 마타벨레개미는 반수 치사량이 많아. 아래쪽에 있는 유럽불개미나 마타벨레개미는 통증 지수가 작아. 위쪽에 있는 총알개미나 타란툴라사냥말벌은 통증 지수가 커.

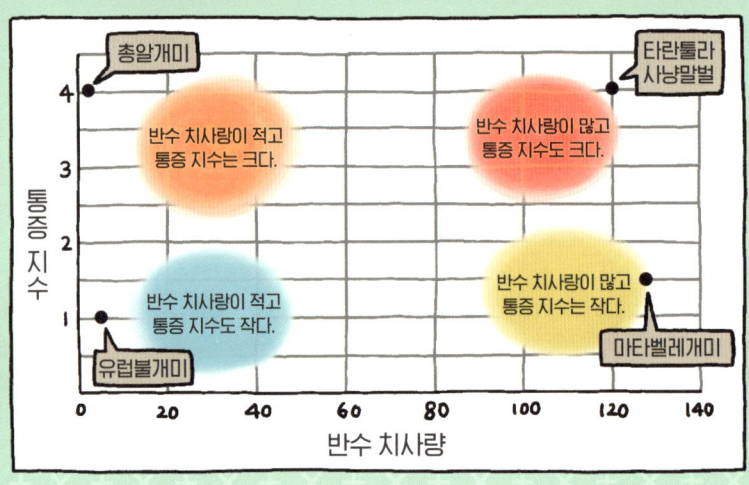

이런 그림을 상관도 라고 해. 상관도에서 점이 네 귀퉁이에 찍히거나 마구 흩어져 있으면 가로축과 세로축의 양은 아무 관계가 없어.

다음은 벌 중에서 집단생활을 하지 않는 벌들의 반수 치사량과 통증 지수 상관도야.
점 대부분이 파란 선 안에 찍혀 있어.
이런 경우에는 둘이 관계가 있는 거야. **상관관계!**
반수 치사량이 적으면 통증 지수도 작고, 반수 치사량이 많으면 통증 지수도 커. 독성이 강하면 통증이 덜하고, 독성이 약하면 통증이 심하다는 뜻이지.
서로 상관관계가 있는 거야.

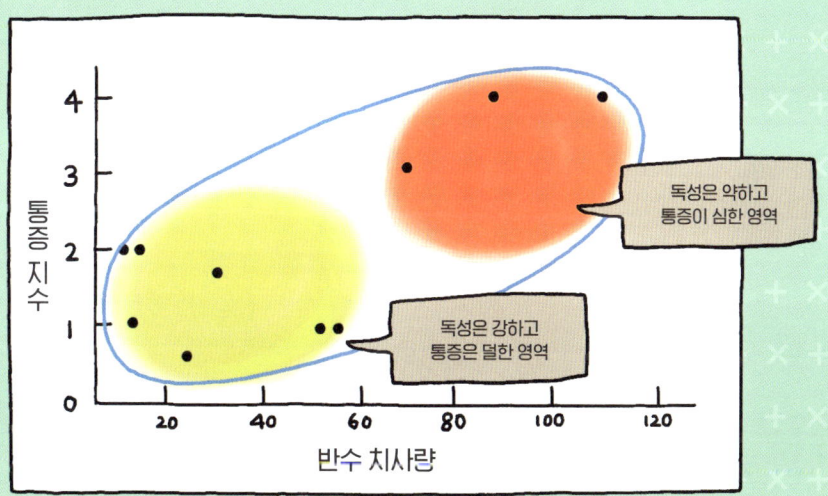

데이터를 상관도로 나타내면
두 양이 서로 관계가 있는지 없는지 한눈에 알 수 있어.
상관관계를 알 수 있는 거지.

9
음식은 눈으로 먹는다?

파이쌤 댁에서 먹는 밥은 맛있어.
쌤은 말로는 요리를 못한다지만, 인터넷을 보고
척척 만들어 주셔. 그것도 날마다 새로운 요리로!

"적게 먹었는데, 충분히 먹은 것 같다고요?"
"내 말이 맞다는 증거가 있어. 미국 코넬대학교의 브라이언 완싱크가 2007년에 이그노벨 영양학상을 받은 연구야. 총 54명의 사람들을 네 명씩 한 탁자에 앉아서 수프를 먹게 했어. 두 사람은 보통 그릇에 담긴 걸 먹고, 두 사람은 먹은 만큼 계속 자동으로 채워지는 그릇에 담긴 걸 먹었어."

"먹은 만큼 자동으로 채워지는 수프 그릇이라니, 저도 그런 그릇 갖고 싶어요."
"실험을 위해서 수프가 줄면 다시 채워지도록 특별히 만든 장치야. 이런 그릇에 담긴 수프를 먹으면 자신이 얼마나 먹었는지 알 수 있을까?"

우리는 보통 끼니마다 밥 한 그릇을 먹잖아. 그런데 우리는 먹는 양을 어떻게 판단할까? 배부름의 정도로 가능할까? 혹시 **먹는 양을 눈으로 가늠하진 않을까?**

그걸 궁금하게 생각한 사람들이 있었어.

오늘은 이걸로 드세요.

저는 보통 밥을 이만큼 먹어요. 딱 좋죠.

그릇을 큰 걸로 바꿨어. 남길까, 다 먹을까?

완싱크는 먹는 양을 모르게 하면 사람들이 더 많이 먹지 않을까 궁금했어. 그래서 사람들을 모집해서 실험한 거야. 보통 그릇에 담은 수프는 **241 그램**이었어.
보통 그릇에 담은 수프를 먹은 사람들은 대부분 바닥이 보일 때까지 먹었어. 다 먹은 후에 얼마만큼 먹었다고 생각하냐고 물어보았어. 각자 먹었다고 생각한 양의 **평균은 233 그램**이었어. **비슷하지?**

자동으로 수프가 채워지는 그릇에 담은 수프를 먹은
사람들에게 얼마만큼 먹었다고 생각하냐고 물었어.
이 사람들이 각자 먹었다고 생각한 수프의 양의 **평균은
278 그램**이었어. 실제로 먹은 양은 **417 그램**이었는데 말이야.
차이가 많이 나지?

완싱크는 사람들은 자신이 얼마나 먹었는지 판단할 때 배부른 정도보다는 눈으로 본 단서에 더 큰 영향을 받는다는 결론을 내릴 수밖에 없었어.
자동으로 채워지는 그릇에 담은 수프를 먹은 사람들은 틀림없이 보통 그릇에 담은 수프를 먹은 사람들보다 더 오래 더 많이 먹었다는 사실을 알았지만 그렇게 많이 먹었다고 생각하지는 못했어. 그릇이 똑같았기 때문이야.
그러니까 추정을 할 때 눈만 믿으면 안 된다는 것 알겠지?

10
인류의 종말은 언제?

"쌤, 우주가 빠르게 팽창하고 있대요."
"그렇다는구나."
나는 책을 보다 말고 고개를 들어 별일 아니라는 듯이 대꾸하시는 파이쌤을 봤어. 이게 얼마나 심각한 일인데, 저렇게 태연하게 말씀하실까?
"결국엔 은하도, 별도 멀어져서 하늘이 깜깜할 거래요."

"그것보다는 훨씬 먼저 태양에 문제가 생길텐데."
"네?"
"태양이 팽창해서 여기 지구에 닿을 만큼 커질 거라는 얘기도 나오지 않니?"
"네, 태양은 지금 46억 살인데, 100억 살이 되면 수소가 다 타서 없어져서 엄청나게 커질 거래요. 그걸 적색 거성이라고 부른대요."

"그렇게 먼 미래가 아니라 지금 당장 지구 최후의 날이 온다고 예언한 사람들도 있어. 2011년에 그런 사람들을 모아서 이그노벨 수학상을 주었지."

이그노벨상을 받은 종말론자들의 공통점은 이해할 수 없는 근거를 들었다는 점과 그들을 따르던 사람들의 삶을 망가뜨렸다는 거야. 종말이 다가왔다는 종말론자들의 말을 믿고 가진 재산을 다 헌납하고 가족도 버리고 따라갔으니 말이야. 그들에게 이그노벨 수학상을 준 이유는 **추정을 할 때는 주의해야 한다는 가르침**을 세상에 주기 위해서였대.

인류 종말을 이론적으로 제시한 학자들도 있어.
천체물리학자인 브랜던 카터는 인류 시작부터 종말까지
모든 인간을 늘어놓고 무작위로 한 사람을 뽑는다면
그 사람은 중간쯤에 태어난 사람일 거라고 했어.
그러면 현재까지 태어난 인간이 몇 명인가를 추측 해서
미래에 태어날 인간이 몇 명 남았는지 예측 할 수 있지.
그다음엔 인류 종말이 오는 거야.
이 이론은 철학자 존 레슬리도 지지했어.

천체물리학자인 리차드 고트도 비슷한 방법으로 가정 했어. 고트는 우리가 95퍼센트의 확률로 역사의 중간쯤 어딘가에 있다고 가정했어. 95퍼센트는 추정할 때 자주 사용하는 수치야. 우리가 95퍼센트의 맨 앞에 있다면 또 95퍼센트의 맨 뒤에 있다면 인류 종말까지 남은 시간이 얼마나 될지 계산해 보자고 했어.

95퍼센트의 확률로 지금 우리는 인류 역사의 중간쯤에 있다고 합시다. 우리가 인류 역사가 시작된 지 2.5퍼센트 지점에 있는지, 2.5퍼센트가 남은 지점에 있는지에 따라 인류 종말까지 남은 시간이 달라질 겁니다.

우리가 여기 있다면
20만 년 : (남은 기간) = 97.5퍼센트 : 2.5퍼센트
(남은 기간) = 5,128년

2.5%　　95%　　2.5%

우리가 여기 있다면
20만 년 : (남은 기간) = 2.5퍼센트 : 97.5퍼센트
(남은 기간) = 780만 년

이들보다 먼저 인류 종말은 아니지만, 인구 폭발을 예측 한 수학자도 있어. 하인즈 포어스터는 1960년에 세계 인구가 27억 명인데, 이대로 늘면 2026년에는 인구가 무한대에 이를 거라고 계산했어. 식량 부족으로 굶어 죽기 전에 압사하지 않으려면 인구 정책을 펴야 한다고.